Hannah Grün

Formen der Elternarbeit

GRIN Verlag

Bibliografische Information der Deutschen Nationalbibliothek:

Die Deutsche Bibliothek verzeichnet diese Publikation in der Deutschen National-
bibliografie; detaillierte bibliografische Daten sind im Internet über http://dnb.d-
nb.de/ abrufbar.

Impressum:

Copyright © 2012 GRIN Verlag GmbH
Druck und Bindung: Books on Demand GmbH, Norderstedt Germany
ISBN: 978-3-656-44280-6

Dieses Buch bei GRIN:

http://www.grin.com/de/e-book/215445/formen-der-elternarbeit

GRIN - Your knowledge has value

Der GRIN Verlag publiziert seit 1998 wissenschaftliche Arbeiten von Studenten, Hochschullehrern und anderen Akademikern als eBook und gedrucktes Buch. Die Verlagswebsite www.grin.com ist die ideale Plattform zur Veröffentlichung von Hausarbeiten, Abschlussarbeiten, wissenschaftlichen Aufsätzen, Dissertationen und Fachbüchern.

Formen der Elternarbeit

Inhaltsverzeichnis

1.   Einleitung

Bei der Erziehung wirken viele Faktoren, innerliche wie äußerliche, auf das zu erziehende Kind ein. Gerade enge Bindungen zu erwachsenen Vorbildern wie Eltern, nahen Familienangehörigen und Lehrern tragen maßgeblich zur Entwicklung bei. Grund genug, dass die Erziehenden sich nicht als separate Faktoren begreifen, sondern ihre gemeinsamen Ziele erkennen und sich ergänzen. Dabei ist die Kommunikation zwischen den verschiedenen Instanzen wie Privathaushalt, Schule etc. längst keine Selbstverständlichkeit. Das Beispiel Hausaufgaben zeigt, dass selbst in alltäglichen Dingen Eltern und Lehrer Erwartungshaltungen aneinander haben, die den andern mitunter überfordern können oder ihm schlicht nicht bewusst sind: „Das Thema Hausaufgaben ist in vielen Familien ein Dauerbrenner. <Der Spiegel> hat in einem Artikel die Anordnung dieser Tätigkeit als <Hausfriedensbruch> bezeichnet. Untersuchungsergebnisse der <Aktion Humane Schule> zeigen ferner, daß [sic!] viele Eltern ihre Kinder bei den Hausaufgaben unterstützen müssen und Lehrer diese häusliche Mitarbeit auch erwarten."[1] Interessenskonflikte, unterschiedliche Methoden und Ziele in der Erziehung, mitunter sogar Vorurteile können die Zusammenarbeit der Erzieher deutlich erschweren. Basis für jegliche Kommunikation und Interaktion ist jedoch die grundsätzliche Bereitschaft sich dem anderen gegenüber zu öffnen, ihm möglichst unvoreingenommen zu begegnen. Im Sinne des Kindes oder des Jugendlichen ist es, dass Eltern und Lehrer sich begegnen, sich wahrnehmen und sich unterstützen. Dies geschieht in unterschiedlichem Maße, teils aus Pflicht, teils freiwillig; auch die Formen der Elternarbeit variieren von Schule zu Schule, Bundesland zu Bundesland und Land zu Land.

2.   Formelle und informelle Elternarbeit

Man unterscheidet in der Forschungsliteratur zur Elternarbeit in formelle und informelle Elternarbeit. Diese Teilung beruht auf dem sehr unterschiedlichen Charakter der beiden Arten von Kontakt zwischen Erziehungsberechtigten und Lehrkräften. Auf der einen Seite finden sich „gesetzlich-formelle"[2] auf der anderen Seite „freiwillig-informelle"[3] Formen der Zusammenarbeit, die jeweils in Mitgestaltung und Information unterteilt worden sind. Grundsätzlich wird das Handlungsfeld der Schule von dem der Klasse getrennt, was durchaus sinnvoll ist, aber nicht die einzige Trennung bleiben darf. In anderen Ländern finden sich

---

[1] Walter Kowalczyk/ Klaus Ottich: Der Elternabend. Ratgeber für Eltern und Lehrer. Reinbek bei Hamburg: Rowohlt, 1995. S.93.
[2] http://www.zusammenarbeit-eltern-schule.de/pdf/belange/Copasch_Corinne_Waldbach.pdf (Stand: 07.05.2012; 10:52 Uhr) Folie 2
[3] Ebd.

Elternräte, Elternversammlungen mit und ohne Mitglieder aus dem Lehrerkollegium oder anderen Pädagogen durchaus auch auf Bundes- und Landesebene. Von besonderer Bedeutung ist, dass die gesetzlich-formellen Elternarbeitsansätze sich durch ihren Rechtsanspruch definieren, der in jedem Land unterschiedlich ist (in der Bundesrepublik Deutschland variiert er sogar von Bundesland zu Bundesland). Freiwillig geleistete Elternarbeit geht über jene hinaus und kann vor Ort diverse Formen annehmen, die jeder einzelnen Institution und ihren speziellen Anforderungen gerecht werden[4].

3.   Ebenen der Elternarbeit

Zwischen Einzelgespräch (einer Lehrperson und eines Elternteils) und Gruppenarbeit (Bsp. Konferenz) kann es viele Zwischenformen geben. Manch mal ist es ratsam, dass mehrere Pädagogen zeitgleich mit den Eltern in Kontakt treten, in anderen Fällen kann es von Vorteil sein, dass die Schüler/Innen auch anwesend sind. Für die Organisation von Veranstaltungen und für die Klärung von Problemfällen ist es ratsam, Elterngremien zu bilden bzw. dass Eltern in Gremien vertreten sind. „Auf Klassenebene ist es wahrscheinlich am zweckmäßigsten, wenn zwei bis vier Personen einen <Eltern-Ausschuss> [sic!] bilden, der einerseits mit der Klassenlehrerin oder mit dem Klassenlehrer zusammen die Elternabende plant, aber auch als Bindeglied zwischen Eltern und Lehrerschaft fungiert."[5] Neben der Klassen- ist auch die Schulebene von immenser Bedeutung; hier werden Schulinterne Angelegenheiten besprochen, die für alle Klassen und das gesamte Kollegium wichtig sind:

> Auf Schulhausebene ist ein Elternrat einzusetzen. In ihm sind sämtliche Klassen und Eltern durch eine oder allenfalls zwei Personen (pro Klasse) vertreten. Die Delegierten bringen die Anliegen der Eltern – und selbstverständlich die der Kinder und Jugendlichen – ein. Der Elternrat befasst sich mit allen Themen, die für das gesamte Schulhaus relevant sind. Er ist das Kontaktgremium zur Schulleitung, Schulkommission sowie zu den politischen und administrativen Behörden. Es ist deshalb sinnvoll, wenn die Schulleitung mit beratender Stimme regelmäßig an den Sitzungen teilnimmt. Dasselbe gilt auch für die Vertretung der Schulkommission. Umgekehrt ist es auch dankbar und empfehlenswert, dass eine ständige Vertretung aus dem Elternrat in der Schulkommission – im entsprechenden Reglement – statuiert wird.[6]

Schriftliche Informationen können nicht klar den Einzel- oder Gruppenarbeitsformen zugeordnet werden, sind aber auch wesentlicher Bestandteil der Elternarbeit. „Kurzgefasste Elternbriefe, in denen pädagogische Fragen pointiert, vielleicht auch witzig, aufgegriffen

---

[4] http://www.zusammenarbeit-eltern-schule.de/pdf/belange/Copasch_Corinne_Waldbach.pdf (Stand: 07.05.2012; 10:52 Uhr). Ebd. Folie 3.
[5] Ruedi Schläppi/ Käthe Boss- Zinniker: Elternarbeit konkret – Vorgehen bei der Realisierung. S.35-52. In: Elternmitarbeit in der Schule. Erwartungen, Probleme und Chancen. (Hrsg.:) Susanne Rüegg. Bern, Stuttgart, Wien: Verlag Paul Haupt, 2001. S.41.
[6] Ebd. S.43.

werden, können dazu beitragen, daß [sic!] Eltern einzelne erzieherische Verhaltensweisen reflektieren."[7]

4. Einzelarbeitsformen

4.1 Einzelgespräch

Die besonderen Vorteile des Eltern-Einzelgesprächs liegen in der Möglichkeit, sich ausreichend Zeit für die Eltern und das betreffende Kind zu nehmen, voll auf die individuelle Problematik einzugehen sowie den Eltern die Sicherheit zu geben, daß [sic!] ihre Informationen nicht an unbeteiligte Dritte gelangen. Die Eltern können individuelle, auf ihre persönliche Situation zugeschnittene fachliche Beratung bekommen. Der abgeschlossene Rahmen des Elterngesprächs bietet eine gute Voraussetzung zum (weiteren) Aufbau eines Vertrauensverhältnisses zwischen Eltern und Pädagogin.[8]

Einzelgespräche können in unterschiedlichem Rahmen (z.B. Hausbesuch, Elternsprechtag) stattfinden und unter Umständen von mehreren Pädagogen geführt werden. „Die Möglichkeiten des Elterngesprächs sind dort begrenzt, wo aufgrund der Persönlichkeitsstrukturen von Pädagogin und Eltern ein gegenseitiges Vertrauensverhältnis nicht zustande kommt."[9] An ihre Grenzen stößt diese Methode „...wo sich die Pädagogin durch die psychische Problematik der Eltern überfordert fühlt. Ein Elterngespräch kann keine therapeutische Sitzung sein."[10]

4.2 Hausbesuch

„Die Form des Hausbesuchs im Rahmen der Elternarbeit bietet sich dann an, wenn der Kontakt mit den Eltern auf einer persönlichen Ebene aufgebaut oder vertieft werden soll."[11] In der Praxis werden sie allerdings selten geführt, da der erhebliche organisatorische und zeitliche Aufwand nur in Ausnahmefällen von den Lehrkräften auf sich genommen wird: „In einer Regeleinrichtung stellt die Durchführung eines Hausbesuchs sicher eine Ausnahme dar."[12] Doch die ungewöhnliche Methode bietet einen sehr guten Einblick in die Lebenssituation der Familie, sie

...bedeuten eine besondere Respektierung der Eltern und des Kindes: Jemand nimmt sich die Zeit und macht sich die Mühe, zu ihnen zu kommen. Hausbesuche fördern den persönlichen Kontakt zwischen Eltern und Pädagogin, und sie geben den Eltern die

---

[7] Hans Dusolt: Elternarbeit für Erzieher, Lehrer, Sozial- und Heilpädagogen. Ein Leitfaden für die Zusammenarbeit mit Eltern im Vor- und Grundschulbereich. München: Quintessenz Verlags-GmbH, 1993. S.72.

[8] Ebd. S.30.

[9] Ebd.

[10] Ebd. S.31.

[11] Ebd. S.32.

[12] Ebd.

Chance, diese außerhalb des institutionellen Rahmens und von einer persönlicheren Seite kennenzulernen [sic!].[13]

Gerade die Chance „…einen Teil des sozialen und räumlichen Umfelds des Kindes zu erleben[,] […] erleichtert es [das] Verständnis für die spezielle psychische Situation des Kindes zu erweitern."[14] Doch bergen die Vorteile gleichzeitig auch die Nachteile: „Die größere persönliche Nähe kann zu einem Verlust der für die Arbeit nötigen Distanz und damit zur Verwischung der professionellen Grenzen führen."[15] Letztendlich wirken sich Unterbrechungen aller Art ungünstig auf die Unterhaltung aus: ‚In der Regel sind bei einem Hausbesuch die Störfaktoren zu groß, als daß [sic!] ein echtes Problemgespräch wirklich möglich wäre."[16]

4.3 Konferenz

Anders als im Einzelgespräch zu Hause oder in der Schule sind an einer Konferenz neben Erziehungsberechtigten und Lehrkraft weitere Personen beteiligt. „Der Vorteil einer Konferenz zur Klärung eines Konflikts liegt darin, daß [sic!] durch die Teilnahme eines unbeteiligten Dritten die Gefahr eines ‚Festfahrens' und damit der Aufrechterhaltung oder gar noch der Verstärkung des Konflikts verringert wird."[17] Im Rahmen eines Teams sind Eltern aktiv an der Planung von Initiativen zur Optimierung der Situation beteiligt.

> Die Vorteile einer Konferenz zur Weitergabe von Informationen bzw. einer Helferkonferenz unter Einbeziehung der Eltern liegen darin, daß [sic!] den Eltern die Rolle von gleichberechtigten Partnern zugestanden wird und sie damit in die ablaufenden pädagogischen Prozesse und in die Kommunikation eingebunden werden. Sie können die ins Auge gefassten Maßnahmen mitgestalten und werden damit zur aktiven Kooperation motiviert…[18]

Leider sind durch die Beteiligung Mehrerer am Konfliktbewältigungsprozess auch einzelne Personen mitunter überfordert:

> Die Grenzen einer Konferenz zur Klärung eines Konflikts sind dort zu sehen, wo einer der Beteiligten diese Form der Konfliktlösung grundsätzlich ablehnt und auch dort, wo eine Person psychisch so labil ist, daß [sic!] sie durch die Konfrontation mit einem

---

[13] Hans Dusolt: Elternarbeit für Erzieher, Lehrer, Sozial- und Heilpädagogen. Ein Leitfaden für die Zusammenarbeit mit Eltern im Vor- und Grundschulbereich. München: Quintessenz Verlags-GmbH, 1993. S.33.
[14] Ebd. S.34.
[15] Ebd.
[16] Ebd.
[17] Ebd. S.43.
[18] Ebd.

Konflikt in eine massive psychische Krise gestürzt wird, ohne daß [sic!] sie geeignete Möglichkeiten hat, diese Krise konstruktiv zu bewältigen.[19]

Nicht sinnvoll ist diese Form der Elternarbeit, „...wo ein Kind vor einer akuten und massiven Schädigung durch die Eltern geschützt werden muß [sic!] und die Einsichtsfähigkeit der Eltern fraglich ist (z.B. bei Verdacht auf sexuellen Mißbrauch [sic!]).“[20]

4.4 Ektern-Kind-Interaktionsbeobachtung (mit Video)

Die Eltern-Kind-Interaktionsbeobachtung mit Video hat für die Eltern die Funktion eines Spiegels, der es ihnen ermöglicht, ihr eigenes Verhalten in Bezug auf ihr Kind ohne die subjektive Bewertung Dritter zu reflektieren. Selbstgewonnene Einsichten stellen in jedem Fall eine günstigere Voraussetzung zu einer Einstellungs- oder Verhaltensänderung dar als Erkenntnisse von Außenstehenden, die von den Betroffenen nicht oder nur schwer nachvollziehbar sind.[21]

Wichtig ist, dass sich die Erziehungsberechtigten nicht durch die fachliche Kompetenz der Pädagogen zur Teilnahme gezwungen werden oder sich ein Unwohlsein durch die Methode einstellt. „Die Grenzen der Methode liegen [...] in der Bereitschaft der Eltern, sich auf den Prozeß [sic!] der Interaktionsbeobachtung einzulassen. Darüber hinaus handelt es sich [...] um eine Methode, die sowohl die entsprechende technische und räumliche Ausrüstung voraussetzt, als auch einen relativ hohen zeitlichen und personellen Aufwand erfordert.“[22]

4.5 Elternsprechtag

Elternsprechtage gibt es in den meisten Schulen, doch genutzt werden sie nur von einem Teil der Eltern. „Für Gymnasien gilt: Je größer die Schule, umso geringer ist der Anteil der Eltern, die zu den Eltersprechtagen kommen.“[23] Zum einen hängt dies damit zusammen, dass sich Eltern bereits durch Gespräche mit ihren Kindern gut informiert fühlen. Zum anderen sind Elternsprechtage oft mit unangenehmen Wartezeiten und kurzen Gesprächszeiten gekoppelt: „Bei Elternsprechtagen gibt es in der Regel zumindest bei den Lehrkräften der Kernfächer lange Warteschlangen. [...] Und entsprechend kurz ist auch die

[19] Hans Dusolt: Elternarbeit für Erzieher, Lehrer, Sozial- und Heilpädagogen. Ein Leitfaden für die Zusammenarbeit mit Eltern im Vor- und Grundschulbereich. München: Quintessenz Verlags-GmbH, 1993. S.43.
[20] Ebd. S.44.
[21] Ebd. S.49.
[22] Ebd. S.50.
[23] Werner Sacher: Elternarbeit. Gestaltungsmöglichkeiten und Grundlagen für alle Schularten. Bad Heilbrunn: Verlag Julius Klinkhardt, 2008. S.114.

Dauer der einzelnen Gespräche, die im Allgemeinen nur ca. 10 Minuten beträgt."[24] Hier kann

sicherlich von einem hohen Aufwand und geringem Nutzen gesprochen werden.

> Durchschnittlich ein Viertel der Eltern besucht keine Elternsprechtage. […] Die
> Häufigkeit des Besuches korreliert bei Elternsprechtagen nicht mit dem
> Leistungsniveau der Schüler, auch nicht mit Hausaufgaben- oder Disziplinproblemen
> und (innerhalb der Schularten) auch nicht mit dem Alter der Schüler, wohl aber mit
> dem Bildungsniveau und dem Migrationsstatus der Eltern sowie dem Geschlecht der
> Schüler.[25]

Ähnlich der Form des Elternabends

> …stehen […] das Lernen und die Leistungen der Schüler, Hausaufgaben- und
> Disziplinprobleme sowie Fragen der Schullaufbahn im Mittelpunkt. […] In den
> meisten Gesprächen bei Elternsprechtagen kommt es offensichlich nur zu einer eiligen
> Information der Eltern über den Leistungsstand und das Lern- und Arbeitsverhalten
> ihrer Kinder.[26]

Um die negativen Aspekte zu vermindern und die positiven hervorzuheben, bietet es sich an,

erst Gespräche mit dem Klassenlehrer zu führen, um dort einen Überblick über schulische

Leistungen des eigenen Kindes zu erlangen. Gegebenenfalls können dann noch Fachlehrer

aufgesucht werden, deren Meinung im Besonderen gefragt ist. Auch können Termine im

Vorfeld vereinbart werden, um Wartezeiten zu verringern.

> Solche Klassenleitergespräche, in denen den Eltern zunächst die allgemeine
> Entwicklung der Kinder dargestellt wird, könnten auch an den Beginn von Sprechtagen
> gestellt werden. Es wäre dann jeweils abzuklären, ob überhaupt noch zusätzliche
> Gespräche mit Fachlehrkräften erforderlich sind. Dazu müssten die Klassenleiter
> natürlich mit Lernstandsübersichten aus den verschiedenen Fächern und Hinweisen auf
> Verhaltensprobleme versehen werden. (Doppke & Gitsch 2005, S.38f).[27]

5. Gruppenarbeitsformen

5.1 Elternnachmittage

„Elternnachmittage stellen ein Angebot an die Eltern dar, die Räumlichkeiten der

Einrichtung, die anderen Kinder und deren Eltern, sowie ihr eigenes Kind im Rahmen seiner

Gruppe kennenzulernen [sic!]. Weiterhin sind sie geeignet, Kontakte zwischen Pädagoginnen

und Eltern in einer ungezwungenen Atmosphäre herzustellen."[28] Positiv zu vermerken ist,

dass hier für die Lehrer die Möglichkeit besteht, ohne ‚Überwachungscharakter'

Zusammenhänge im täglichen Miteinander zu erkennen und Rückschlüsse auf das Verhalten

---

[24] Werner Sacher: Elternarbeit. Gestaltungsmöglichkeiten und Grundlagen für alle Schularten. Bad Heilbrunn: Verlag Julius Klinkhardt, 2008. S.112.

[25] Ebd. S.113.

[26] Ebd. S.112f.

[27] Ebd. S.116.

[28] Hans Dusolt: Elternarbeit für Erzieher, Lehrer, Sozial- und Heilpädagogen. Ein Leitfaden für die Zusammenarbeit mit Eltern im Vor- und Grundschulbereich. München: Quintessenz Verlags-GmbH, 1993. S.51.

des Kindes in der Klasse zu ziehen: „Das Erleben der Interaktion zwischen dem Kind du seinen Eltern und evtl. auch seinen Geschwistern kann wesentlich zu einem größeren Verständnis für die psychische Situation des Kindes beitragen."[29] Von großer Bedeutung ist jedoch, dass Pädagogen gemeinsam mit den Familien den Nachmittag wahrnehmen, ihn zusammen zum gegenseitigen Kennenlernen zu nutzen. „Ein Elternnachmittag droht für die Eltern dann zu einer negativen Erfahrung zu werden, wenn sie sich nicht ausreichend beachtet fühlen."[30]

5.2 Eltern-Kind-Wochenende

„Eltern-Kind-Wochenenden dienen dem Aufbau und der Förderung von Kontakten zwischen den Familien und können damit die Grundlage schaffen für das Entstehen eines Zusammengehörigkeitsgefühls nicht nur der Kinder, sondern auch ihrer Familien. Daneben dienen sie natürlich auch der Pflege des Kontakts zwischen den Pädagoginnen und den Eltern."[31] Der größere Zeitrahmen dient der Intensivierung der gemeinsamen Erfahrungen, stellt aber auch einen größeren Organisationsaufwand dar. „Die Vorteile von Eltern-Kind-Wochenenden liegen in der Zwanglosigkeit und in der Freizeitatmosphäre. Das erleichtert es auch solchen Eltern, sich auf Kontakte einzulassen, die vor pädagogisch-professionellen Angeboten zurückschrecken."[32] Da diese Form der Zusammenarbeit auf Freiwilligkeit basiert, ist der Austausch von Informationen durch Unterhaltungen für alle Beteiligten komfortabler und weniger durch die Institution Schule gekennzeichnet (räumliche Distanz). „Für die Kinder bietet es die Chance, sich außerhalb des gewohnten institutionellen Rahmens der Einrichtung gegenseitig kennenzulernen [sic!]. Der Zusammenhalt in der Gruppe oder der Klasse wird dadurch gefördert; besonders sinnvoll ist die Durchführung eines Eltern-Kind-Wochenendes daher zu Beginn eines Kindergarten- oder Schuljahres."[33] Um eine vernünftige Basis für Kommunikation und Interaktion von Eltern und Kindern untereinander zu schaffen muss „[d]ie Größe der Gruppe [...] überschaubar sein und die Zahl der teilnehmenden Pädagoginnen in angemessener Relation zu der Zahl der Teilnehmer stehen..."[34]

---

[29] Hans Dusolt: Elternarbeit für Erzieher, Lehrer, Sozial- und Heilpädagogen. Ein Leitfaden für die Zusammenarbeit mit Eltern im Vor- und Grundschulbereich. München: Quintessenz Verlags-GmbH, 1993. S.53.
[30] Ebd.
[31] Ebd. S.54.
[32] Ebd. S.57.
[33] Ebd.
[34] Ebd.

5.3 Der Elternabend

Häufig ist die bekannteste und am meisten in der Praxis anzutreffende Form der Elternarbeit der Elternabend zu Beginn des Schuljahres, der durch nachfolgende Aspekte charakterisiert wird:

- Die Themen und der Ablauf sind häufig so stark strukturiert und geplant, dass kaum Spielraum für spontane Wünsche und Anliegen der Eltern bleibt.
- Die Referentin oder die Erzieherin befindet sich in der aktiven, vermittelnden Rolle, während die Eltern das dargebotene Wissen passiv konsumieren.
- Für die Erzieher steht der spannungs- und reibungslose Ablauf des Elternabends im Vordergrund und sie sind erleichtert, wenn der Abend ohne Probleme verlaufen ist.
- Häufig wird durch den Erzieherinnenvortrag eine methodisch ungünstige Frontalsituation geschaffen.
- Im Verlauf von mehreren [J]ahren wiederholen sich die Themen und meistens sogar die methodische Vorgehensweise.[35]

Was im Zitat für die Kindergartenelternabende festgestellt wird, gilt de facto ebenso für die Schule. Neben dieser unspezifischen Form, existieren noch andere:

Je nach Ausrichtung und Intention eines Elternabends kann der Schwerpunkt mehr auf der vorbereitend- erarbeitenden, der mitplanend- problemlösend oder der informierend- fortbildenden Ebene liegen. Bei **thematischen Elternabenden** steht die Information der Eltern, die Kommunikation der Eltern untereinander und die Kontaktanbahnung zwischen Eltern und Erziehern im Vordergrund. Da in der Praxis immer weniger herkömmliche Elternabende angeboten werden, muss der Gesichtspunkt der Information im weiteren Sinne gesehen und hinsichtlich der Kompetenzerweiterung, besonders in Erziehungsfragen, ergänzt werden.[36]

Um die Atmosphäre des meist frontal abgehaltenen Elternabends etwas aufzulockern, die Eltern zur Mitarbeit anzuregen und ihnen ein Bild von der Erziehung ihrer Kinder zu machen, ist eine Exkursion in die Klassenräume und das Schulgebäude möglich: „Eine Führung durch die Schule bietet sich aus mehreren Gründen an. Zum einen bringt dies Abwechslung und Bewegung in den Ablauf des Abends. […] Zum anderen wird mit dem Gang durch das Gebäude eine Vorgehensweise erfahrbar, die auch manchen Unterrichtsstunden zugrunde liegt und von der die Kinder berichten werden: Erkundung per Besichtigung.“[37] Auch Metakommunikation ist bedeutsam; gemeinsames Sprechen über Verhaltensregeln erleichtern die zukünftige Zusammenarbeit: „Es dürfte sinnvoll sein, bereits an einem der frühen Elternabende die Umgangsformen zwischen Eltern und Lehrern zum Schwerpunktthema des Treffens zu machen. Die hierbei gewonnenen Einsichten erleichtern es den Beteiligten, bei

---

[35] Fred Bernitze/ Peter Schlegel: Das Handbuch der Elternarbeit. Troisdorf: Bildungsverlag EINS GmbH, 2004. S.164.
[36] Ebd.
[37] Walter Kowalczyk/ Klaus Ottich Der Elternabend. Ratgeber für Eltern und Lehrer. Reinbek bei Hamburg: Rowohlt, 1995. S.25.

eventuellen Meinungsverschiedenheiten angemessen zu reagieren.“[38] Gleichwohl kann es trotz guten Willens dazu kommen, dass persönliche Bindungen selten oder gar nicht aufgebaut werden, da die hohe Anzahl von zu unterrichtenden Kindern die Lehrkräfte vom Einzelnen abstrahieren lässt:

> Eltern, deren Kinder Klassen mit mehr als 28 Schülern besuchen, ziehen umso geringeren Nutzen aus dem Besuch von Klassenlehrerabenden, je größer die Klasse ihrer Kinder ist. Anscheinend können die Lehrkräfte sehr große Klassen immer weniger auf konkrete Bedürfnisse einzelner Eltern und Schüler eingehen. Eltern ziehen auch umso geringeren Nutzen aus Klassenelternabenden, in je mehr Klassen die Lehrkräfte ihrer Kinder unterrichten. Dabei wird der erfahrene Nutzen mit jeder zusätzlichen Einsatzklasse geschmälert. Offensichtlich lernen Lehrkräfte, die in vielen Klassen unterrichten, die einzelnen Klassen immer weniger wirklich kennen und sind infolgedessen bei Elternabenden auch immer weniger in der Lage, konkret auf die jeweilige Klasse einzugehen.[39]

Unter anderem kann die Miteinbeziehung der eigentlichen Hauptakteure in der Erziehung – den Kindern – ergiebig sein: „Ein Eltern-Schüler-Abend ist immer dann sinnvoll, wenn zum einen Schülerinteressen unmittelbar berührt sind und zum anderen die Mitwirkung der Klasse vorgesehen oder erwünscht ist. Ein besonders markantes Beispiel hierfür wäre das Thema <Klassenfahrt>.“[40] Diese Variante kann aber keinesfalls die Kommunikation ausschließlich zwischen Eltern und Lehrern ersetzen.

5.4 Elterngruppen

„Die Vorteile von Elterngruppen liegen in der besonderen Intensität sowohl auf der thematischen wie auch auf der emotionalen und der dynamischen Ebene. Sie können dadurch auch zu einem persönlichen Gewinn auf der emotionalen Ebene für die Teilnehmer werden.“[41] Gerade durch die Tatsache, dass Eltern nicht bloße Zuhörerschaft für einen Lehrervortrag bilden oder sich gezwungen sehen Initiativen mit zu gestalten, werden sie in dieser Form freiwillig selbst tätig und verfolgen eigene Interessen (und die ihrer Kinder).

> … Elterngruppen [finden] innerhalb eines bestimmten Zeitraums regelmäßig statt. Die Teilnehmerzahl ist begrenzt, neben dem Thema selbst spielt der Austausch eine zentrale Rolle. Sie bieten die Möglichkeit, einzelne Fragestellungen durch die Verteilung über mehrere Abende zu vertiefen, einen intensiven Austausch zwischen

---

[38] Ebd. S.48.
[39] Werner Sacher: Elternarbeit. Gestaltungsmöglichkeiten und Grundlagen für alle Schularten. Bad Heilbrunn: Verlag Julius Klinkhardt, 2008. S.119.
[40] Walter Kowalczyk/ Klaus Ottich: Der Elternabend. Ratgeber für Eltern und Lehrer. Reinbek bei Hamburg: Rowohlt, 1995. S.116.
[41] Hans Dusolt: Elternarbeit für Erzieher, Lehrer, Sozial- und Heilpädagogen. Ein Leitfaden für die Zusammenarbeit mit Eltern im Vor- und Grundschulbereich. München: Quintessenz Verlags-GmbH, 1993. S.69.

den Eltern in Gang zu bringen und auch mit einzelnen Eltern an deren individuellen Problemen zu arbeiten.[42]

Sind genug Eltern zusammengekommen um sich mit bestimmten selbst gewählten Fragestellungen auseinanderzusetzen, kann die Gruppendynamik sehr fruchtbar für die Erörterung von Problemen Einzelner sein. Doch kann mitunter die fehlende pädagogische und psychologische Komponente (professionelle Hilfe auf diesem Gebiet) fatale Folgen haben: „Die Erfahrung, sich in einer Gruppe zwar emotional geöffnet, dabei aber keine adäquate Hilfestellung bei der Bewältigung der hierdurch geweckten Emotionen bekommen zu haben, hinterläßt [sic!] bei Eltern tiefe psychische Verletzungen."[43]

5.5 Gemeinsame Schulveranstaltungen

Sehr beliebt und weit verbreitet sind Schulfeste, deren Bestandteil Vorführungen von Gruppen (oder Klassen) sein können. Sie dienen nicht oder nur selten der Information der Eltern und haben keine schulische Leistungen zum Thema. Nichtsdestoweniger sind sie unerlässlich: Zum einen wird das Profil der Schule vorgestellt, Räumlichkeiten, (Lehr-)Personal und Schulleitung können sich darstellen, zum anderen haben die Familien Gelegenheit auch andere Klassenverbände wahrzunehmen. „Feste stellen oft den Höhepunkt eines Kindergarten- bzw. Schuljahres dar. Besonders Frühlings-, Sommer- und Herbstfeste, St. Martins-, Nikolaus-, Advents- und Weihnachtsfeiern bieten die Chance, mit Kindern und Eltern zusammen zu feiern und gemeinsam ein paar schöne Stunden zu verbringen."[44]

6. Fazit

Abschließend seien noch einmal die wichtigsten Punkte der gelungenen Zusammenarbeit zwischen Eltern und Lehrern genannt: Das gemeinsame Bildungs- und Erziehungsinteresse steht im Zentrum der Elternarbeit. Daran geknüpft sind Ziele und Inhalte, Absprachen und Regeln sowie Unterstützung und Beratung. Damit kontinuierlich evaluiert und optimiert werde kann, wie die Zusammenarbeit verläuft, ist die beidseitige Rückmeldung von großer Bedeutung. Alle Parteien sollten zu Beginn der Kommunikation ihre Erwartungen klären und auch während des Prozesses darauf aufmerksam machen. Öffnung und Transparenz muss von allen Seiten vorhanden sein, damit ist in erster Linie die Bereitschaft

---

[42] Ebd. S.63.
[43] Hans Dusolt: Elternarbeit für Erzieher, Lehrer, Sozial- und Heilpädagogen. Ein Leitfaden für die Zusammenarbeit mit Eltern im Vor- und Grundschulbereich. München: Quintessenz Verlags-GmbH, 1993. S.70.
[44] Ebd. S.72.

gemeint, überhaupt zu Kooperieren und den jeweiligen Erziehungspartner ehrlich und fair zu behandeln, ihm keine wichtigen Informationen vorzuenthalten etc[45].

Als Ausblick und zum Vergleich seien nun noch Beispiele der Elternarbeit aus der Praxis im Ländervergleich genannt. Erneut wird in Information und Mitgestaltung unterschieden, um den Charakter der Initiativen aufzuzeigen, der entweder die Schule oder die Elternschaft zum Hauptakteur bestimmt. Formen der Information können sein: spezielle Elternsamstage, Schulbroschüren. sowie Individuelle Gespräche, Telefonate oder E- Mails, wie man sie in Finnland und Dänemark findet, Elternwandzeitungen, die in Großbritannien und den Niederlanden an der Tagesordnung sind, Tage der Offenen Tür, wie in Slowenien, Dänemark oder Finnland, Feste Feiern (Beispielsweise dänische Elternabende mit Theater) und schließlich Elternbildung durch Schule in Form von Seminaren oder Handbüchern, die in Slowenien, Großbritannien und Dänemark praktiziert wird. Formen der Mitgestaltung können sein: Bildungspartnerschaften, beispielsweise in Großbritannien, aber auch in den Niederlanden und Slowenien als Lesepatenschaften, Unterrichts- und Schulprojekte, die in Großbritannien, Deutschland und Slowenien Elternarbeit ausmachen, das verbreitete Modell der Arbeitsgemeinschaften (GB/ NI, D, SLO), Feste und Feiern (fast überall), deutsche Schulfördervereine, Elternbildung durch Eltern selbst, ebenfalls in Deutschland, Elternzimmer, wie sie in Slowenien und Deutschland zu finden sind und Elterngruppen, die in Ungarn bekannt sind[45]. Insgesamt lässt sich eine überraschende Vielfalt feststellen, die beweist wie phantasievoll sich Elternarbeit gestalten lässt. Eine Kombination aus verschiedenden Methoden ist sicherlich auch denkbar. Grundsätzlich lässt sich eine ernüchternde Bilanz ziehen. Maßnahmen, die über das Maß, in dem Schulen gesetzlich verpflichtet sind Eltern zu informieren, hinausgehen, werden von den Lehrern oft als zusätzliche Belastung verstanden (hoher Organisationsaufwand außerhalb der regulären Arbeitszeiten) und Eltern nutzen das vorhandene Angebot oft nicht optimal aus. Guter Wille und die Bereitschaft sich zum Wohl der Kinder zu engagieren, machen sowohl im Kindergarten, wie auch in sämtlichen Schularten und -stufen gelungene Elternarbeit aus.

---

[45] Vgl. http://www.zusammenarbeit-eltern-schule.de/pdf/belange/Copasch_Corinne_Waldbach.pdf
(Stand: 07.05.2012; 10:52 Uhr) Folie 10.
[46] Vgl. Ebd. Folie 6f.

Literaturverzeichnis

Sekundärliteratur:

- Bernitze, Fred / Schlegel, Peter: Das Handbuch der Elternarbeit. Troisdorf: Bildungsverlag EINS GmbH, 2004.
- Dusolt, Hans: Elternarbeit für Erzieher, Lehrer, Sozial- und Heilpädagogen. Ein Leitfaden für die Zusammenarbeit mit Eltern im Vor- und Grundschulbereich. München: Quintessenz Verlags-GmbH, 1993.
- Kowalczyk, Walter / Ottich, Klaus: Der Elternabend. Ratgeber für Eltern und Lehrer. Reinbek bei Hamburg: Rowohlt, 1995.
- Sacher, Werner: Elternarbeit. Gestaltungsmöglichkeiten und Grundlagen für alle Schularten. Bad Heilbrunn: Verlag Julius Klinkhardt, 2008.
- Schläppi, Ruedi / Boss- Zinniker, Käthe: Elternarbeit konkret – Vorgehen bei der Realisierung. S.35-52. In: Elternmitarbeit in der Schule. Erwartungen, Probleme und Chancen. (Hrsg :) Susanne Rüegg. Bern, Stuttgart, Wien: Verlag Paul Haupt, 2001.

Internetquellen:

- http://www.zusammenarbeit-eltern-schule.de/pdf/belange/Copasch_Corinne_Waldbach.pdf
  (Stand: 07.05.2012; 10:52 Uhr)